Autodisciplina

Cómo Hacerse Imparable Y Hacer Las Cosas

(Métodos Prácticos Para Pensar De Manera Efectiva, Rápida Y Clara)

Elijah Raya

Publicado Por Daniel Heath

© **Elijah Raya**

Todos los derechos reservados

Auto-Disciplina: Cómo Hacerse Imparable Y Hacer Las Cosas (Métodos Prácticos Para Pensar De Manera Efectiva, Rápida Y Clara)

ISBN 978-1-989808-72-6

Este documento está orientado a proporcionar información exacta y confiable con respecto al tema y asunto que trata. La publicación se vende con la idea de que el editor no esté obligado a prestar contabilidad, permitida oficialmente, u otros servicios cualificados. Si se necesita asesoramiento, legal o profesional, debería solicitar a una persona con experiencia en la profesión.

Desde una Declaración de Principios aceptada y aprobada tanto por un comité de la American Bar Association (el Colegio de Abogados de Estados Unidos) como por un comité de editores y asociaciones.

No se permite la reproducción, duplicado o transmisión de cualquier parte de este documento en cualquier medio electrónico o formato impreso. Se prohíbe de forma estricta la grabación de esta publicación así como tampoco se permite cualquier almacenamiento de este documento sin permiso escrito del editor. Todos los derechos reservados.

Se establece que la información que contiene este documento es veraz y coherente, ya que cualquier responsabilidad, en términos de falta de atención o de otro tipo, por el uso o abuso de cualquier política, proceso o dirección contenida en este documento será responsabilidad exclusiva y absoluta del lector receptor. Bajo ninguna circunstancia se hará responsable o culpable de forma legal al editor por cualquier reparación, daños o pérdida monetaria debido a la información aquí contenida, ya sea de forma directa o indirectamente.

Los respectivos autores son propietarios de todos los derechos de autor que no están en posesión del editor.

La información aquí contenida se ofrece únicamente con fines informativos y, como tal, es universal. La presentación de la información se realiza sin contrato ni ningún tipo de garantía.

Las marcas registradas utilizadas son sin ningún tipo de consentimiento y la publicación de la marca registrada es sin el permiso o respaldo del propietario de esta. Todas las marcas registradas y demás marcas incluidas en este libro son solo para fines de aclaración y son propiedad de los mismos propietarios, no están afiliadas a este documento.

TABLA DE CONTENIDO

Parte 1 1

Introducción 2

Gratificación Instantánea Vs. Gratificación Tardía 6

Entiéndete A Ti Mismo 12

Salud, Bienestar, Ejercicio Y Descanso 21

Relación Con Las Finanzas Personales/Gastos 26

Acepta Tu Vida Por Ser Lo Que Es, Concéntrate En Lo Que Puede Llegar A Ser 31

Aceptar Y Tolerar La Angustia Y La Molestia Emocionales Y Físicas 33

Meditación Y/O Respiración Concentrada 36

Superar Las Tentaciones 39

Repetición Y Práctica 41

Recompénsate 44

Tu Propia Imaginación Como Sustituto 46

Parte 2 49

Introducción 50

Capítulo 1 - Mejora Tu Rutina Diaria Con 5 Consejos 54

Capítulo 2 - El Valor De Aprender La Paciencia 66

Capítulo 3 - Practica La Compasión Todos Los Días 74

Capítulo 4 - El Ejercicio Es Un Salvavidas 83

Capítulo 5 - Medita Tus Problemas Lejos 91

Capítulo 6 - Cambia Tus Hábitos De Consumo 100

Conclusión 108

Parte 1

Introducción

Existe un concepto erróneo de que el éxito es fácil de alcanzar para algunas personas, pero resulta muy difícil para otras. Pero esto, en general, es falso.

La realidad es que, el éxito no es fácil para nadie. Podemos diferenciar algunos factores escondidos que separan a las personas que consiguen el éxito de las que no.

Por supuesto, el estar en el lugar y el momento indicado, así como los contactos, los talentos innatos, el entorno y el punto de partida personal de cada uno pueden jugar un papel importantísimo en el camino hacia el éxito.

Sin embargo, por lo general, el éxito se obtiene mediante trabajo duro y eficiente, dedicación, diligencia, práctica, motivación y perseverancia. Y, en el centro de todos estos factores se sitúa lo que conocemos como autodisciplina.

La autodisciplina es la capacidad de controlar los propios pensamientos y las propias acciones de tal manera que nos conduzca hacia la meta final. Cuando tienes una gran autodisciplina resulta sencillo superar los obstáculos, evitar las distracciones y resistirse a las tentaciones que te separan de tu objetivo.

El arte de la autodisciplina se remonta al comienzo de la conciencia humana.Desde el principio del desarrollo humano, la autodisciplina ha participado en la supervivencia:

> Quien guardaba suficiente comida de la caza o el forrajeo para consumirla cuando la disponibilidad de alimentos fuera menor o inexistente era, generalmente, quien sobrevivía.

> Quien construía una casa maciza y robusta (independientemente del material) que pudiera resistir los elementos naturales -ya fuese el clima, la fauna o la temperatura- era,

generalmente, quien sobrevivía.

> Quien confeccionaba suficiente ropa para poder soportar los cambios de temperatura del entorno era, generalmente, quien sobrevivía.

La autodisciplina puede adoptar distintas formas.
La más básica es simplemente la práctica de resistir cualquier deseo que te aleje de tus objetivos actuales.Esta forma de autodisciplina se denomina restricción.

Otra variedad dentro de la autodisciplina incluye ignorar malestar, molestias, dolores y desagrados físicos.Esta variedad de autodisciplina se denomina autocontrol. El autocontrol incluye entrenar a tu cuerpo para que sea capaz de alcanzar logros que no corresponden al cuerpo humano normalmente, como por ejemplo caminar sobre rocas ardiendo.

La autodisciplina también incluye aceptar las situaciones que son temporales y esperar los resultados deseados sin estrés y conflictos interiores.Esta forma de autodisciplina se denomina paciencia.

La autodisciplina también incluye no abandonar los planes que tenemos o los resultados deseados cuando las cosas se ponen difíciles, exigentes o frustrantes. Es terminar lo que ya has empezado, incluso cuando el camino es duro. Esta variedad de autodisciplina se denomina dedicación y perseverancia.

Y por último, la autodisciplina puede tratarse de desviar la fortaleza mental para seguir caminando hacia delante, hasta cuando los obstáculos parecen imposibles de superar.Esta forma de autodisciplina se denomina fuerza de voluntad.

No importa el aspecto dentro de la autodisciplina en la que decidas centrarte primero... todas están estrechamente relacionadas. Y, mientras que aumentas tu autodisciplina en un sentido, los demás aumentarán también, de manera natural, aunque solo sea un poco.

El primer paso, por supuesto, es tener las pautas para hacer crecer a tu autodisciplina. Si no estás preparado para hacerlo, o simplemente no quieres, verás que es muy complicado diseñar un plan y continuarlo.

Recuerda: aumentar la autodisciplina es una elección, no depende de las circunstancias. CUALQUIER PERSONA puede mejorar su autodisciplina con un poco de esfuerzo.

Gratificación instantánea vs. gratificación tardía

"La habilidad de disciplinarse a uno mismo de retrasar la gratificación en el corto plazo para disfrutar de un premio mejor en el largo plazo es un requisito imprescindible para alcanzar el éxito."
— Brian Tracy

Mientras que muchos piensan que la

autodisciplina en su variedad de contener malestar, dolor ("sin dolor no hay ganador"), o frenar el sacrificio interior, el verdadero significado nada tiene que ver con las connotaciones negativas que se le atribuyen.

La autodisciplina es el arte de rechazar una gratificación instantánea para sustituirla por una gratificación y resultados tardíos. Nuestra sociedad se compone de entusiastas de la gratificación inmediata. Queremos eso... y lo queremos AHORA.

Esto se combina con el hecho de que somos bombardeados constantemente con información y gratificación estimulante a través de nuestros teléfonos móviles, redes sociales y empresas varias que nos premian si actuamos inmediatamente.

Como sociedad en su conjunto, estamos condicionados a perseguir la gratificación instantánea, mientras que la autodisciplina se relega a un segundo plano. De hecho, algunos científicos han estudiado el tema de la gratificación tardía en comparación con la gratificación instantánea durante décadas. Uno de los estudios más famosos, llamado el<u>Stanford MarshmallowExperiment, (prueba de las nubes de azúcar de Stanford)</u> se realizó en 1972.

Durante el estudio, los investigadores colocaron a un niño pequeño en una sala con una nube de azúcar o una galleta en una mesa. Entonces, le decían al niño que el investigador tenía que abandonar la sala durante un rato, y que si la nube o la galleta seguían ahí cuando volviese, recibiría dos nubes o dos galletas. Tal y como podéis imaginar, la mayoría de los niños se comieron la nube o la galleta mucho antes de que el investigador volviera.

El control de los impulsos no está bien desarrollado en niños menores de 7 años. Tampoco tienen la capacidad de pensar y planear el futuro. La rica y sabrosa nube o galleta sola encima de la mesa frente a sus ojos es lo único en lo que pueden pensar, y muchos caen en la tentación

Sin embargo, los investigadores decidieron dar un paso más en el estudio. Esperaron hasta que los niños alcanzaran los 18 años y evaluaron distintos factores, como por ejemplo el rendimiento escolar.

Los resultados mostraron que los niños que pudieron resistir la tentación de una simple nube y esperaron pacientes para poder obtener dos, tuvieron mucho mejores resultados en el colegio que aquellos que cayeron en la tentación.

En la misma línea, los niños que resistieron la tentación inmediata y persiguieron una gratificación tardía tienden a tener características más positivas en cuanto a la personalidad, como asertividad, credibilidad, deseo de aprender, autosuficiencia, honradez, así como la capacidad de afrontar las frustraciones.

Los niños que cayeron en la gratificación inmediata tuvieron una tendencia a sentirse desbordados por el estrés y a ser másimpulsivos en general, indecisos y propensos a sentir celos y envidia. Alrededor del año 2011, este estudio se continuó con algunos de los sujetos de la prueba original. Los resultados mostraron que aquellos que eran mejores retrasando la gratificación de niños seguían siéndolo de adultos. De hecho, se vio que la parte del cerebro que se conoce como el cuerpo estriado (un área que se relaciona con las adicciones) era más activa en aquellos que no pudieron resistir la tentación y la gratificación inmediata.

Entender la diferencia entre la gratificación instantánea y la gratificación tardía, permitirte a ti mismo renunciar a las estimulaciones a corto plazo, y concentrarte, en cambio, en los objetivos y las aspiraciones a largo plazo es uno de los primeros pasos hacia una mejor autodisciplina.Si realmentequieres perder peso, vas a tener que reconocer cuando sientes la tentación de comerte una deliciosa galleta o un manjar frito, resistir la urgencia de hacerlo y concentrarte en tu objetivo final: el placer tardío de encontrarte en un peso distinto.

Si estás intentando terminar un trabajo o una tarea escolar en un tiempo limitado, vas a tener que reconocer los momentos en los que te apetece salir y jugar a algún deporte, encender la tele y jugar a un videojuego o dormir (a no ser que estés realmente cansado), resistir la urgencia de hacerlo, concentrarte en tu deseo de llegar al objetivo de completar el trabajo y seguir hacia delante con éxito.

Al final, todo lo que te ofrece una gratificación instantánea suele ser temporal... y seguro que no te beneficiará en tu futuro, lo que significa que tendrías que exponerte a ello varias veces para conseguir placer en el futuro.

Al contrario, esfuérzate en emplear el autocontrol y concéntrate en lo que realmente quieres en tu vida y fuera de ella. La satisfacción de haber alcanzado tus objetivos, obtener lo que realmente quieres y "salir victorioso" en aquello que quieres puede ser mucho más grande que cualquiera de los placeres temporales.

Entiéndete a ti mismo

Aquel que conoce a los otros es sabio; Aquel que se conoce a sí mismo es un ilustrado.
Lao-Tzu

Un factor muy importante al desarrollar una autodisciplina fuerte es entender quién eres en realidad y qué te gusta y no te gusta, así como lo que te mueve, lo que te tienta y lo que te motiva.

A través de entenderte a ti mismo puedes llegar a conocer tus fortalezas y tus debilidades, lo que te puede ayudar a mantenerte concentrado en aquellas áreas en las que necesitas mejorar, como por ejemplo resistir la tentación de_____ (completa con tu deseo más destacado).

Una de las piezas más importantes para entenderte a ti mismo es saber cuánto respeto tienes hacia ti mismo y después incrementarlo.
Tener un fuerte sentido del respeto por uno mismo te hará más sencillo resistir las tentaciones a corto plazo (para sentirte mejor por factores externos) y concentrarte en los objetivos y deseos a largo plazo… ya que, si ya te sientes bien contigo mismo, no necesitarás caer en deseos innecesarios y distracciones que no te conducen hacia tu objetivo.

Cuando no tienes respeto hacia ti mismo, estarás buscando constantemente estímulos en el exterior para sentirte mejor: comprar juguetes nuevos, noches nuevos, aparatos electrónicos nuevos; ver la televisión durante horas… te sientes obligado a llenar tu vida con objetos materiales porque no obtienes ninguna satisfacción si no los tuvieras.

Estás todo el tiempo intentando llenar un hueco porque tu sentido de la valía personal o autoestime es bajo, y esto puede llevarte a acciones compulsivas, compras desenfrenadas y a decir cosas que puede que no quieras decir.

Esa falta de respeto por uno mismo puede desembocar en letargo, pereza, procrastinación e, incluso, depresión. Por eso es vital que te centres en mejorar el respeto hacia ti mismo y tu autoestima. Esto se sitúa en la base para conseguir una autodisciplina mejor.

Existen muchas maneras de aumentar tu autoestima. No obstante, el método más eficaz tiene que proceder de tu interior más que del exterior.

El reforzamiento positivo de amigos o familiares (o incluso tuyo) puede ayudar. Reconocerte a ti mismo el trabajo bien hecho cada vez que consigas algo que ha supuesto un reto para ti es muy importante. Así, tener el apoyo y las felicitaciones de las personas a las que quieres es una buena manera de sentirte mejor contigo mismo.

Entender los fallos como experiencias para aprender y seguir adelante es vital para respetarte a ti mismo. Muchas veces nos tomamos nuestros fallos y derrotas muy a pecho y nos machacamos por ello, ya sea emocionalmente, psicológicamente o, incluso, físicamente.

A veces tendremos que negarnos una parte de nuestra vida que nos encanta como una manera para intentar no fracasar otra vez. Sin embargo, en general, el reforzamiento positivo puede ser mucho más efectivo que las acciones negativas o el castigo.

No pasa nada por fallar a veces. No pasa nada por perder a veces. Es casi imposible ser siempre perfecto. Así que relájate y aprende a aceptar que a veces no serás el primero. Sírvete de esos momentos para aprender de tus errores, acciones desafortunadas o traspiés, y crece.

"Mantener la fe en los resultados que deseas" es una manera indirecta de mejorar el respeto por ti mismo. A veces puede ser duro ver y creer que podemos llegar a los objetivos que buscamos. Y esto es consecuencia directa de la falta de certeza de poder conseguirlo.

Las dudas sobre uno mismo pueden ser un virus para nuestra mente… y cuando está fuera de control, el respeto por uno mismo se ve reducido considerablemente. Por eso, concentrar toda tu atención en el resultado deseado y no dejar que te controle el estrés o la ansiedad de no llegar a ese objetivo es una manera infalible de mejorar el respeto por uno mismo.

Así, creer en ti mismo incluyendo tus mayores deseos, instintos y sentimientos en relación con lo que está bien o mal te ayudarán mucho a respetarte a ti mismo. Lo que es exclusivo de la vida (ya sea humana, animal, reptil ovegetal) es que todos tenemos un sentido de la supervivencia bien integrado.

Este instinto de supervivencia puede que no siempre funcione a nuestro favor, pero, en la mayoría de las ocasiones, se sitúa en la base de lo que somos y nos permite saber cosas como si nos gusta cierto alimento, actividad u otro humano.

Por norma general, cuando nos conocemos y nos entendemos perfectamente, nuestros instintos pueden llegar a ser muy exactos. Y, cuando aprendes a confiar en ti mismo y tus instintos, empiezas a tener más respeto por ti mismo y más disciplina en aquello que quieres conseguir.

Responsabilidad sobre tus acciones
Para realmente aprender sobre ti mismo, necesitarás ser responsable de tus decisiones, tus palabras y tus acciones.

Tendrás que asumir que, en gran medida, tú eres el creador de las condiciones de tu vida (tu empleo, las personas de las que te rodeas, tu ciudad, tus hobbies y actividades favoritas, tu nivel de salud) y que tienes control para cambiarlas como tú quieras.

La mayoría de las personas deambulan por la vida pensando que la vida pasa delante de ellos, que el destino es incontrolable y que no tienen ni voz ni voto sobre su futuro. La realidad es que, aunque a veces ocurran cosas malas, solemos tener el control de nuestra vida, así como de nuestras decisiones y de la manera en que interactuamos con el mundo.

Captar el sentido de la responsabilidad es un elemento clave para entendernos a nosotros mismos y aumentar la autodisciplina. En resumen, cuanto antes dejes las excusas y abandones la idea de que no controlas tu vida, antes verás cómo la capacidad de desarrollar tu libertad y tu éxito crece.

Escríbelo todo.
En el proceso de aprender sobre ti mismo, tus objetivos, tus deseos, tus debilidades y

tus fortalezas, invierte tu tiempo en escribir todos tus pensamientos. Esto no solo refuerza las ideas que has desarrollado, sino que te servirá como recordatorio que podrás revisar cada vez que sientas que puedes fracasar o que se te está acabando la autodisciplina.

Escribir tus objetivos y tus intenciones es también una buena manera de integrarlos en tu mente. Verlo de manera visual puede ser mucho más impactante que simplemente pensar en ello. Puede darte una motivación y un estímulo extra al combinar uno de los sentidos (la vista) con la actividad cerebral de pensar en ello.

Cuando lo lees en alto o lo grabas y lo escuchas después, puedes además integrar el sentido del oído, que estimula mucho más la memoria y la consolidación. Así, anotar tus objetivos puede ayudarte a organizar los pasos que necesitas dar para acercarte a ellos. Quizás, tu objetivo es ser capaz de correr una maratón.
Si lo escribes, puede que veas que a día de

hoy solo eres capaz de correr 5 de los 42 kilómetros necesarios para completar el maratón – no te preocupes, no importa cual sea tu casilla de salida, lo importante es el resultado.

Además, puede ocurrir que tardes más de 5 o 6 intentos en llegar a completar los 42 kilómetros.

<u>*Por eso sería genial que escribieras algo así:*</u>

Durante tres semanas, aumentar la distancia de 5 a 10 kilómetros en cada sesión.

Durante cinco semanas, aumentar la distancia de 5 a 16 kilómetros en cada sesión.

Durante diez semanas, aumentar la distancia de 5 a 27 kilómetros en cada sesión.

Y así consecutivamente.

Después, puedes ir un poquito más lejos y elaborar un horario que recoja cuándo vas a salir a correr y cuántos kilómetros recorres cada vez. Cuando sigues un plan sin darte por vencido, verás que se hace más fácil dar los siguientes pasos y llegar a tu objetivo.

Naturalmente, tu autodisciplina habrá aumentado y tendrás más conocimiento de quién eres y qué puedes conseguir cuando te ciñes a tus planes de acción.

Salud, bienestar, ejercicio y descanso

"El bienestar es integración completa entre cuerpo, mente y alma, la comprensión de que todo lo que hacemos, pensamos, sentimos, y creemos tiene un impacto en nuestro bienestar"
Greg Anderson

Como en cualquier aspecto de nuestra vida, tu salud y tu bien estar tienen un papel muy importante. Sentirte descansado y mantener una dieta equilibrada, así como hacer ejercicio físico regularmente puede ayudarte a tomar decisiones más racionales, pensar con mayor claridad y rendir a un nivel más alto que cuando te sientes cansado y desnutrido.

Cuando estamos demasiado cansados por la falta de un descanso de calidad, nuestra capacidad de resistirnos a las tentaciones puede disminuir y es muy probable que seamos más propensos a seguir nuestros impulsos.El cerebro puede trabajar como un músculo en nuestro cuerpo; bueno, un músculo de lo más energético, multifuncional y capaz de realizar múltiples tareas.Y, tal y como ocurre con el resto de los músculos, existe cierta cantidad de energía que se puede gastar diariamente antes de sentirse cansado, menos eficaz y, por consiguiente, con un bajo funcionamiento.

Por si fuera poco, se ha probado que <u>no siempre somos capaces de adivinar con precisión cuánto de cansados están tanto nuestro cuerpo como nuestro cerebro</u>. La energía se usa de forma diaria. Podemos crear más energía si tenemos una dieta adecuada y un descanso suficiente. Pero, incluso con los niveles más altos de energía en nuestro cuerpo, puede que llegue un momento en el que se gaste y tenga que ser renovada.

Por eso, un descanso adecuado es clave para mantener un alto rendimiento de nuestro cerebro, lo que afecta directamente a los niveles de autodisciplina.

Y lo mismo aplica a una dieta adecuada. Cuanto mejor sea nuestra dieta, más eficiente será nuestro cuerpo en la transformación de alimentos en una fuente de energía. Así, cuanta más energía tenga nuestro cuerpo, mejor funcionaremos tanto física como mentalmente durante el día.

Existe una relación recíproca entre el ejercicio regular y la autodisciplina. Cuando realizas ejercicio físico, el torrente sanguíneo aumenta en todo tu cuerpo, incluido el cerebro. También se liberan sustancias químicas en el cerebro (endorfinas) cuando realizas un esfuerzo considerable.

El aumento de sangre en el cerebro se traduce en la llegada de más nutrientes a él, lo que le hace sentirse con más energía. Cuando esto ocurre, tu cerebro es más fuerte y puedes procesar tus pensamientos de una manera más eficiente.

La autodisciplina alcanza su punto álgido cuando el cerebro funciona eficientemente. Por otro lado, cuanto más fuerte sea la autodisciplina, más fácil será realizar ejercicio físico regularmente, especialmente para las personas que no suelen sentirse motivadas a hacerlo.

Así que, al fortalecer la autodisciplina, serás capaz de hacer ejercicio más veces y durante más tiempo, lo que aporta energía al cerebro y permite que la autodisciplina se mantenga fuerte.

Artes marciales, yoga, y otras disciplinas físicas
Aunque este libro no puede cubrir todo el

alcance que estas disciplinas físicas tienen, es importante destacar que una práctica física repetida en el tiempo puede ser un elemento que mejore significativamente la autodisciplina.

La práctica de las artes marciales, tales como el Taekwondo, pueden servir de apoyo a la autodisciplina física. Además, ayuda directa e indirectamente aaumentar tu autodisciplina mental mediante la práctica del autocontrol.

Serás tú quien decida si las artes marciales son apropiadas para ti, y cuál de ellas se ajusta a tus objetivos y estilo de vida. Pero, con todas las que hay disponibles, seguro que tendrás muchas maneras de mejorar la autodisciplina mediante una actividad física.

El yoga, en todas sus formas, es una representación de la autodisciplina en el ámbito físico. El yoga te enseña a estirarte, doblarte, retorcerte y, lo que es mucho más importante, a controlar tu cuerpo de una manera imposible de conseguir en circunstancias normales. Te enseña a controlar tu cuerpo y tu mente, te permite entender mejor quién eres, las sensaciones en tu cuerpo y dónde se sitúan tus debilidades.

Se ha demostrado que el factor mental del yoga ayuda a reducir el estrés y funciona como un mecanismo que calma y permite a nuestro cuerpo ganar en productividad y felicidad.También afecta de forma positiva a distintas áreas del cerebro que pueden mejorar el autocontrol y el bienestar general.

Sea cual sea la actividad física que elijas, es miy importante que mantengas una buena salud y bienestar, especialmente cuando se trata de mantener el autocontrol. Y verás que cuanto más trabajes en ello, más mejorarás en distintos aspectos de tu vida.

Relación con las finanzas

personales/gastos

"El éxito empiezacon autodisciplina. El éxito empieza en ti"

Dyane Johnson

Tus hábitos con el dinero suelen ser un buen indicador de tu autodisciplina general.

Si tiendes a gastar más de lo que tienes, si sueles no tener dinero para lo que más quieres o necesitas y acumulas constantemente cosas que no necesitas mientras que no estás mejorando tu estilo de vida, lo más seguro es que necesites más autodisciplina.

Si sueles controlar tus gastos, tomar decisiones racionales e inteligentes con tu dinero, ahorrar para emergencias y nunca compras cosas que no necesitas, has encontrado el nivel perfecto de autodisciplina.

De sobra se sabe que la mayoría de personas que han ganado la lotería acaban gastando todo el premio y suelen caer en bancarrota unos años después del triunfo.

Muchos deportistas, actores, músicos o artistas también han perdido todo su dinero después de sus años de bonanza y de contratos lucrativos.

Han tomado malas decisiones económicas, han gastado más de lo que debían, no han tenido en cuenta que puede que no ganen tanto dinero en el futuro y se han "dejado llevar por el momento" cuando se trata del glamur del éxito y de la fortuna.

La base de esta situación es la falta de autodisciplina.

Esto tiene mucho que ver con la idea equivocada de que "el dinero da la felicidad".Esto es completamente falso. El dinero es una herramienta que nos permite tener y hacer más. Pero, tener más y hacer más no siempre significa que eres más feliz.

Así, es conveniente preparar un plan de administración del dinero, y seguirlo al pie de la letra. Ya sea controlar tu presupuesto, un plan de ahorro, un plan de inversión, un plan de compra o una combinación de todos ellos, lo más importante es que no abandones el plan, a no ser que necesites hacer pequeños cambios y ajustes.

Cuanto más tiempo lleves a cabo el plan, más te darás cuenta de que el dinero es solo un objeto que te ayuda a conseguir cosas, pero que no tiene cabida en tus emociones internas... Seguro que no serás feliz solo por estar sentado sobre billetes y billetes o contando dinero todo el día; serás mucho más feliz viendo que el dinero te ayuda a hacer las cosas que más te gustan, comer tus platos favoritos y comprar tus objetos favoritos.

Así, cuanta más disciplina con el dinero tengas, mejor será tu disciplina general. Cuando eres menos propenso a gastar dinero de manera impulsiva porque piensas que te hará más feliz o simplemente porque quieres ahorrarlo para otra cosa, verás que los impulsos en otras áreas de tu vida son mucho más controlables. Tus decisiones serán mucho más racionales.

Existen muchos métodos para mejorar la autodisciplina en relación con la administración del dinero.

Algunas son tan sencillas como ahorrar cierta cantidad de dinero de cada nómina metiendo un porcentaje del salario en una cuenta de ahorro.

Otros métodos incluyen seguir una política de gastos estricta, como gastar x euros a la semana en comida, x euros en gastos de la casa, x euros para ocio y x euros para emergencias.

Uno de los métodos más divertidos para controlar tu dinero es el '[Método de la jarra](#)', que te ofrece una perspectiva visual y tangible de separar el dinero en distintos recipientes.

No importa qué plan decidas seguir para controlar tus finanzas, lo MÁS IMPORTANTE es que no tires la toalla. Si te separas del plan una vez, querrás hacerlo muchas más veces. Si coges dinero de las emergencias para gastártelo en algo que no es necesario, te sentirás tentado de hacerlo otra vez en el futuro. Y te darás cuenta de que tu dinero para emergencias ha desaparecido, quizás, en el momento en el que más lo necesitas.

Como todo en la vida, el autocontrol con el dinero no es fácil. Y cuando más dinero tienes, más tentaciones tienes de gastártelo, compartirlo, usarlo, abusar de él y, en consecuencia, de perderlo.

Tampoco importa en qué nivel financiero estés en la actualidad, porque ahora es el mejor momento para empezar a adoptar buenos hábitos de administración del dinero.

Acepta tu vida por ser lo que es, concéntrate en lo que puede llegar a ser

"Una vez que aceptamos nuestros límites podremos superarlos"

Albert Einstein

Superémoslo, la vida es lo que es. Algunos factores de nuestra vida no cambian, y otros sí lo hacen, solo a veces, después de un tiempo.

Una parte de la autodisciplina es reconocer los factores que no cambian en nuestra vida, y buscar una manera de compensarlos o acostumbrarte a ellos.

Cuanto más tiempo pierdas intentando mover un objeto inmóvil, menos tiempo tendrás para concentrar tu atención y tu energía en seguir hacia delante.

En cuanto te das cuenta de aquello que no puede cambiar y te adaptas a ello, podrás centrar tu atención en aquello que puede cambiarse.

Una forma de alcanzar una perspectiva mejor de la vida es entender y aceptar que la sociedad, el mundo y el universo no se centran en una vida individual, es decir, no eres el centro del mundo.

De hecho, a excepción de tu pequeño círculo de amigos, familiares y allegados, al resto del universo le importa bastante poco lo que ocurra en tu vida, sea positivo o negativo.

Por eso, no puedes esperar que las cosas salgan siempre como tú quieres, no puedes esperar a que te regalen nada, no puedes esperar que todo funcione siempre, y tampoco puedes pretender ganar siempre.

Una vez que entiendas eso, aceptarás que algunas cosas se pueden escapar de tu control… incluso en tu propia vida.

Y cuando aprendes a conocer aquellas cosas que se escapan de tu control, te será más fácil concentrarte en los factores de tu vida que controlas bien y que pueden modificarse, ajustarse, añadirse, eliminarse o sustituirse.

Mentalidad positiva

La autodisciplina y la mentalidad positiva trabajan codo con codo, alimentándose la una de la otra.

Si tienes una mentalidad positiva hacia el futuro y hacia tus objetivos al repetirte, por ejemplo, la frase "Yo puedo", verás que aumenta la motivación y la dedicación de completar los pasos necesarios para llegar a tus objetivos.

De igual manera, al mismo tiempo que sigues un plan y alcanzas tus objetivos (y, por ende, consigues el éxito), te darás cuenta de que tu capacidad de mantener una mentalidad positiva y segura también aumenta.

La autodisciplina y la mentalidad positiva trabajan codo con codo, alimentándose la una de la otra.

Aceptar y tolerar la angustia y la molestia emocionales y físicas

"La mejor arma que tenemos contra el estrés es la capacidad de elegir un

pensamiento en vez de otro"
William James

Una faceta de la autodisciplina es la capacidad de tolerar y/o aceptar molestias emocionales y físicas.

Puede tratarse de algo tan simple como dar unos pasos más cuando estamos cansados o desmotivados durante una sesión de running o un paseo. También puede significar hacer unas repeticiones más cuando levantamos pesas, incluso si sentimos los músculos cansados y doloridos.

También se aplica a seguir estudiando o trabajando en un proyecto, aunque nos duelan los ojos o queramos irnos a la cama o echarnos la siesta (dentro de unos límites, no nos olvidemos de ser conscientes de nuestra salud y bienestar.

En situaciones más extremas puede tratarse de aceptar que, a veces, lo que queremos en nuestra vida no llega en un segundo. El hecho de sobrellevar los momentos duros donde no somos capaces de tener aquello que queremos requerirá más práctica, paciencia y autodisciplina de la que pensábamos.

Un ejemplo de esto puede ser sobrellevar un problema en la relación con una persona que queremos y apreciamos.

Puede que llegue una situación en la que ambos os encontréis en una discusión o discrepancia donde uno o ambos estéis heridos, afectados o exasperados por lo que ha ocurrido.

Y puede que sea frustrante, doloroso o te consuma emocionalmente hasta el punto de estar dispuesto a tirar la toalla y pasar página.

Sin embargo, si realmente te importa la otra persona y estás dispuesto a seguir tu vida con ella, este es el punto decisivo, donde puedes elegir si dedicarte a la relación durante los momentos duros y tener fe, incluso si existe angustia o molestia, o si, por el contrario, la relación debe terminar.

Obviamente, no todas las relaciones sobreviven, en la vida, hay momentos en los que una o ambas personas de la relación cambian y están preparadas para seguir hacia delante por caminos separados.

Pero, en el caso de que quieras intentarlo, la única manera de tener éxito en tu relación es desarrollando una autodisciplina para afrontar los retos difíciles y navegar a través del miedo, el dolor, las dudas y los malentendidos.

Meditación y/o respiración concentrada

"Mediante la meditación, cada vez eres más tú"

David Lynch

Existe una razón por la cual la meditación sigue practicándose a día de hoy desde que empezó hace miles de años: <u>funciona.</u>

Aunque este libro no puede cubrir todo el alcance que la meditación tiene y todos sus beneficios, hay muchas maneras en las cuales la meditación puede mejorar significativamente la autodisciplina.

La meditación es una práctica, muy parecida a levantar pesas en el gimnasio, correr o hacer ciclismo.

Sin embargo, en vez de ejercitar y fortalecer un músculo físico, ejercitarás tu "atención" mediante la repetición y la concentración.

***Mindfulness* o conciencia**

El *mindfulness* es simplemente el proceso de enfocar tu atención hacia el movimiento del abdomen (tripa) mientras que inhalas y exhalas o hacia el aire pasando entrando y saliendo por la nariz.

Una manera de conseguir esto de forma fácil es sentarte con los ojos cerrados y repetir las palabras "inhalar" y "exhalar" una y otra vez mientras respiras hacia fuera y hacia dentro.

Cuando utilices esta práctica, 5 minutos al día, varios días a la semana, empezarás a poder ralentizar tus pensamientos, disminuir la ansiedad y resistirte a los impulsos de gratificación inmediata.

De hecho, varios estudios lo han comprobado. La Universidad de Medicina de Massachusetts – en colaboración con la Escuela de Medicina Harvard y el Instituto de Neuroimaging de Bender– ha especificado que "la práctica de *mindfulness* conduce a un aumento de la densidad de la materia gris del cerebro."

También comunicaron que "se ha comprobado que la meditación *mindfulness* produce efectos positivos en el bienestar psicológico que se prolonga más allá del período de tiempo de meditación."

La Universidad de Washington – en colaboración con la Universidad de Arizona - afirma que "constataron que el grupo de meditación mostró mejor sensibilidad y atención después de la práctica de meditación."

Continuaron diciendo que su "estudio presenta, por tanto, evidencia de que la meditación puede ser útil en el entorno de trabajo, así como los beneficios de la relajación."

En la práctica

Este libro no pretende ser una guía de cómo meditar adecuadamente. Existen expertos alrededor del mundo que podrán enseñarte los métodos de meditación y te ofrecerán prácticas que mejorarán tus habilidades.

No obstante, existen tres pasos muy sencillos para meditar que puedes seguir todos los días. Y, todos los días que medites, como un músculo, estarás fortaleciendo la parte de tu cerebro encargada de la concentración y la autodisciplina

1) Siéntate quieto entre 5 y 45 minutos (la duración es a tu elección)
2) Concéntrate en cada inhalación y cada exhalación (puedes incluso decir las palabras "inhala" y "exhala" durante el proceso)
3) Cada vez que sientas que tu mente se desvía, vuelve a concentrarte en tu respiración repitiendo las mismas palabras.

Estos pasos, si los practicas diariamente, pueden ayudarte a mejorar tu concentración y tu autodisciplina mediante la tonificación de tu mente a base de repetición.

Superar las tentaciones

"La disciplina es solo elegir entre lo que quieres ahora y lo que más quieres

Desconocido

La mayoría de los artículos, blogs e informes sobre la autodisciplina dirán que lo mejor que puedes hacer es eliminar las tentaciones, borrarlas para que nunca te sientas tentado.

En un mundo ideal (o si tuviéramos una goma de borrar todopoderosa), esto sería genial.

Sin embargo, la vida de la mayoría de las personas contiene distracciones continuas, tentaciones y vicios que crean la oportunidad de desviarnos del camino.

Así que, mejor que eliminar esos vicios, lo que podemos hacer es aprender a superar las tentaciones internas que surgen cuando estos factores se nos presentan.

Algunas veces, esto incluirá seguir exponiéndote a las tentaciones para desarrollar una resistencia hacia ellas. También puedes prepararte mentalmente para no desear tanto estos vicios.

Puedes reemplazar tus pensamientos con alguno como este: "Me apetece muchísimo esto... pero no es bueno para mí. En vez de eso, si consigo esto otro, podré sentir un placer similar sin los efectos negativos".

También puedes reemplazar físicamente la tentación con un sustituto – si tienes tendencia a comer alimentos insanos, llena tu nevera de comida sana y elimina todos los productos dañinos.

Si cada vez que estás en casa tienes la tentación de tumbarte en el sofá o en la cama y ver la televisión, sal de esa habitación.

Estos son algunas sustituciones muy simples que, aunque no sea tan gratificante como la tentación original, puede ayudarte a reducir la obsesión por un determinado vicio.

Repetición y práctica

"El conocimiento es un tesoro, pero la práctica es la llave para llegar a ello"
Lao Tzu

La única manera de reforzar la autodisciplina para que se convierta en parte de nuestra naturaleza es mediante práctica y repetición.

Cuando hablamos de autodisciplina, necesitas concentrarte en repetir los procesos que desarrollas por ti mismo.

Ya sea una rutina física, un proceso mental o meditación, la repetición del proceso te ayudará a ser más fuerte tanto física como emocional y espiritualmente y mejorará la autodisciplina.

Primero, lo importante

Una buena práctica es concentrarte primero en los objetivos más difíciles, grandes o desafiantes.

Como ya sabes, el cerebro tiene una provisión de energía limitada para poder usar cada día antes de necesitar un descanso. Si utilizas esta energía para las tareas más pequeñas y menos importantes, te quedará menos energía para las más grandes e importantes.

Por eso, es muy importante empezar cada día priorizando las tareas o actividades que requieren más atención y tratar de abordarlas cuanto antes.

Cuanto más practiques esto, como un músculo, más fuerte y cómodo te sentirás haciéndolo.

La rutina es una herramienta excelente para este proceso. Al tomar docenas, si no cientos, de decisiones al día, nuestra energía va disminuyendo.

Cuando creas una rutina repetible, empiezas a eliminar decisiones diarias que tendrías que tomar si no tuvieras una rutina, como cuándo lavarte los dientes, qué camiseta ponerte, cuándo ir al gimnasio, a qué hora estudiar, a qué hora ducharte, etc.

Tu rutina puede ser lo que tú quieras, pero, a medida que esta rutina vaya siendo más conocida, perderás menos tiempo pensando en ella... y esto dejará al cerebro más energía para las decisiones que requieren más atención.

Está claro que no siempre puedes encargarte de las cosas importantes al mismo tiempo, pero si te concentras primero en lo que puedes conseguir en cuanto a lo que consume más energía y te permites realizar aquellas menos extenuantes mentalmente más tarde, llegarás mucho más fácilmente a tus objetivos.

Desarrollar hábitos sanos

Asegúrate de estar siempre concentrado en aquello que es mejor para ti física, emocional y psicológicamente. Cuando hayas encontrado esa rutina que funciona, síguela hasta que se convierta en hábito.

Cuanto más trabajes en tu rutina, más fácil será continuarla. Y cuanto más conocida se haga, menos energía tendrás que gastar para seguirla.

Cuando la acción se convierte en hábito, puede reproducirse. Lo más importante es asegurarte de que los hábitos que estás desarrollando son sanos.

Recompénsate

"Llámalo como quieras, pero los incentivos hacen a la gente trabajar más."
NikitaKhrushchev

La vida es corta y a veces nos deja muy poco tiempo para disfrutar de nosotros mismos, especialmente cuando estamos ocupados con trabajo, familia y tareas del hogar.

Por eso es importante recompensarte

cuando consigas un objetivo, sobre todo cuando esos objetivos se cumplan tras haber superado una tentación negativa.

Cada vez que alcances un objetivo, reconozcas las tentaciones a las que te enfrentas en tu vida pero que consigues ignorar, resistir o evitar, date una palmadita en la espalda y date un capricho que sea especial para ti (algo de comer, un pequeño viaje, un accesorio nuevo o cualquier otra cosa que disfrutes y te haga feliz).

Es importante reconocer el trabajo bien hecho y reforzar la afirmación de que la autodisciplina merece la pena.

Del mismo modo, puedes pensar algunos incentivos para cuando alcances ciertos objetivos o para cuando resistes algunas tentaciones.

Si tu objetivo es perder peso, puedes premiarte con algún capricho delicioso que no rompa con tu plan de dieta o de ejercicio.

Si tu objetivo es completar un proyecto grande, un trabajo de la escuela o una tarea del trabajo en un período limitado de tiempo, recompénsate en cada pequeño objetivo cumplido.

De nuevo, estos premios pueden ser cualquier cosa que tú elijas, pero deben tener dos propósitos:

1. Deben motivarte para seguir con el plan y alcanzar tus objetivos.
2. Deben recordarte que has hecho un buen trabajo hasta ahora y deben animarte a seguir con el hábito de la autodisciplina.

Tu propia imaginación como sustituto

"El mundo no es más que un lienzo paranuestra imaginación"

Henry David Thoreau

Este es un aspecto de la autodisciplina que muchas personas no piensan o en cuya práctica no participan.

A veces deseamos cosas que son imposibles de conseguir... al menos en el momento presente.

En estas circunstancias, tener una imaginación activa y/o ser capaz de soñar despierto puede realmente ayudar a reducir la frustración de no tener aquello que queremos.

Además, llenar nuestra mente de sueños y pensamientos positivos puede distraernos de las tentaciones que se sitúan ante nosotros.

Un método que también ayuda es escribir en un cuaderno el resultado que deseamos. Escribe todos los detalles de aquello que quieres, incluso si piensas que nunca vas a conseguirlo. Anota cada pensamiento de lo que harías si lo consiguieras, qué dirías y cómo te sentirías.

Si bien puede no ayudar a conseguir ese objetivo (porque puede ser algo imposible), crea una forma de satisfacción al escribirlo y ayuda a tu imaginación a expresarlo. Puedes volver a estas anotaciones cada vez que quieras.

Si es algo posible de alcanzar, aunque sea difícil, este paso puede marcar la diferencia y darte una motivación y estimulación extra para conseguirlo.

La mente es una herramienta muy poderosa y es capaz de crear ideas que podrían no haber existido si no fuera por ella. También es muy útil cuando queremos crear nuestras propias realidades.

Y cuanto más la uses, la ejercites, la moldees y la extiendas, más grande será tu realidad.

Parte 2

Introducción

El mundo está lleno de millones de personas que tienen diferentes creencias y culturas. Esto juega un papel importante en lo que nos hace quienes somos.Los sociólogos creen que el entorno de una persona tiene una influencia significativa en cómo se comportan.¿Recuerdas cuando eras un adolescente? Lo que tus amigos pensaron de ti, fue poderosamenteimportante para tu propia confianza en sí mismo. Algunos de nosotros maduramos, y nos hacemos únicos e individuales.Algunos pueden estar más desesperados por la afirmación de otros y esforzarse por ser populares y agradables.Cualquiera que sea su personalidad, lo más probable es que, como la mayoría de las personas, no esté 100% satisfecho con tu vida.No siempre se puede influir en lo que está sucediendo en el gran esquema de las cosas. Pero tienes uncierto grado de control sobre tu propia vida, y cómo se desarrolla.

Muchos de nosotros vivimos con una

rutina diaria, a menudo sin darnos cuenta. Un día típico podría consistir en levantarse una mañana y desayunar. Seguido de viajar al trabajo. Puedes parar para almorzar y luego regresar a trabajar por la tarde. Temprano en la tarde viajas a casa. Luego, terminas cocinando la cena, viendo la televisión, y de vuelta te vas a la cama. Sólo para volver a hacerlo al día siguiente. La vida puede volverse tediosa y monótona, por lo que no es de extrañar que podamos desviarnos de la mundanidad de todo esto. Algunos recurren a consolar con comida, alcohol e incluso drogas, para escapar de la pesadez de sus vidas. No suena como contento, ¿verdad?

Si estás leyendo este libro, lo más probable es que estés buscando una manera de mejorar tu lote. Estás investigando porque no sabes cómo hacerlo, así que recurres a los libros de autoayuda. Déjame decirte, amigo mío, has venido al lugar correcto. Esta guía te mostrará el camino para encontrar más control y felicidad en tu vida. Se trata de tu "mentalidad". Suena como el título de un juego. De hecho, se refiere a lo que aprendes de tu entorno y cómo eso ha afectado tus decisiones. En lo que crees y en la espera. Este libro te mostrará cómo reiniciar ese sistema y cómo mejorar tu patrón de pensamiento. Suena imposible, pero en realidad, es fácil. Solo necesitas saber cómo, eso es lo que te dirá este libro. Cada capítulo destacará los comportamientos que es posible que necesites cambiar. Primero, debes identificar tus malos hábitos y luego convertirlos en buenos.

Porque es el comportamiento habitual al que apuntas. Un buen régimen para que tu vida tenga que ver con el éxito y la finalización. Tu nueva perspectiva mejorará su estilo de vida, a través de la adquisición de una mentalidad más saludable.

Cuando hablamos de disciplina, nos viene a la mente una imagen de una estricta señora de la escuela o de la crianza de los hijos. A medida que envejecemos, y supuestamente nos volvemos más sabios, continuamos haciendo lo que se nos pide.

Algo parecido a la disciplina que teníamos de niño en casa y en la escuela. Sin embargo, como adulto, depende de ti disciplinarte a ti mismo, y no a los demás. Puede que no te des cuenta, pero tienes un gran control sobre tus acciones, tus pensamientos y la forma en que vives. Si la vida parece no hacer nada más que darte una patada en los dientes, sigue leyendo y aprende a dar una patada. Este libro trata de cambiar cómo puedes tener éxito en tu vida cotidiana. Sigue los consejos y pronto estarás más contento con tu lote. Todo se reduce a la autodisciplina, pero vas a decidir las reglas del juego.

Capítulo 1 - Mejora tu rutina diaria con 5 consejos

Sería ideal si pudiéramos despertarnos un día y convencernos de que hoy seremos mejores personas. En realidad, no es una tarea fácil de establecer por sí mismo. Cambiar los viejos hábitos requiere fuerza de voluntad y tiempo para asegurar el éxito. La mayoría de nosotros nos rendimos después de una semana. Por supuesto, si no crees que haya algo malo en tu vida, entonces no hay espacio para mejoras. Primero, necesitas identificar tus fallas y luego admitir hasta ellas. Una vez que hayas alcanzado esta etapa inicial y más importante, estás listo. Es hora de cambiar tu vida.

Todos, hasta cierto punto, hemos comprado el consumismo que se ha convertido en el zeitgeist del mundo desarrollado. Después de todo, ese es el enfoque principal de nuestras vidas. Vamos a trabajar para ganar dinero. Ese dinero luego nos compra artículos de lujo, supuestamente haciendo nuestras vidas más fáciles y más felices. En realidad, todos sabemos que no es tan simple.

Pregúntate a ti mismo: "¿Eso es todo lo que quieres de la vida?". Si la respuesta es "No", entonces debes seguir leyendo... Identificar y admitir tus fallas. La vida moderna no es más fácil que la forma en que vivieron nuestros antepasados. Aunque, no podemos discutir, es diferente. No hay necesidad de buscar comida, ni siquiera de cultivarla. Eso es todo hecho para nosotros. ¿Esto nos ha hecho perezosos?

Dudo que un agricultor de la era agrícola haya oído hablar del concepto de "ejercicio". Era algo que hacía todos los días sin siquiera darse cuenta. Si no cultivaba, no comía. Hoy no es así. Nuestro suministro de alimentos es abundante y barato, en comparación, y apenas necesitamos levantar un dedo para conseguirlo. Hoy en día, la idea es que cuanto más trabajas, más ganas. Cuanto más gane, más lujos podrás pagar. La comida no se considera un lujo, especialmente en el mundo occidental. En cambio, compramos cosas divertidas, como tecnología, mejores hogares, viajes por el mundo y vacaciones. Tales lujos deberían hacernos felices, pero no lo hacen. Para conseguirlos debemos trabajar duro, y junto con eso viene el estrés. ¿Por qué, entonces, nos esforzamos por los últimos gadgets o moda, si no nos hace felices?

Mirándolo desde afuera, como un observador neutral, uno podría decir que es pura codicia.

P: ¿Nos hemos vuelto codiciosos en el mundo moderno entonces, porque ya no necesitamos concentrarnos solo en la supervivencia?

R - No.

Estamos engañados, por aquellos que producen tales lujos. Hacen todo lo posible por convencernos de que DEBEMOS tener lo último en canto, tecnología de baile y entretenimiento. La mayoría de las veces, cuando las obtenemos, no satisfacen nuestras necesidades básicas de autoafirmación.

¿Estamos haciendo todo mal?

¿Somos incapaces de resistir las tentaciones de querer siempre lo más grande y mejor?

No temas, hay una solución fácil. Solo necesitas aprender a evitar tales tentaciones. Al entrenar a tu mente para que ignore a quienes te engañan, superarás esa necesidad de tenerlo todo. La resistencia por sí sola no servirá, porque finalmente cederás. "Evitar" es el nombre del juego.

Para lograrlo, lleva disciplina y entrenamiento. No es el tipo de entrenamiento por el cual alguien te va a enseñar y todo lo que debes hacer es aprender. Será más difícil que eso. Te enseñarás a ti mismo. Solo entonces cosecharás las recompensas. Vas a conocer a la persona dentro de ti, como nunca antes lo has sabido.

CONSEJO 1:

Solo conociendo tu ser interior, puedes admitir lo que está mal.

Escribe todas las cosas malas en tu vida. ¿Tienes sobrepeso? ¿Estás en deuda? ¿Siempre te sientes deprimido?

Esto es para ayudar a identificar todo lo que en tu vida te está haciendo infeliz. Tómate tu tiempo, no tienes que hacer esto en un día. Tómate una semana y toma notas durante toda la semana, si algo específico te hace sentir miserable. ¿Hablar de tu viaje al trabajo? ¿Cocinar una comida familiar? Identifica cualquier y cada emoción que sientas en una semana típica. Tome nota de cómo le gustaría cambiar todas las cosas negativas en su vida.

Este no es un libro, nadie lo va a leer, excepto tu, así que usa tu palabra escrita para describir cómo te sientes a sí mismo.

Con la ayuda de esta guía, una vez que hayas compilado tu lista, te darás una idea de dónde te estás equivocando.

Ahora, establece una fecha para cuando desees comenzar tu nuevo régimen. Esto se debe a que estás a punto de embarcarte en mejorar tu estilo de vida, a través de tu autodisciplina.

CONSEJO 2:

Cuando llegue tu fecha, comienza a levantarte una hora antes de lo que ya lo haces.

Al principio, usarás ese tiempo para despertarte lentamente. No nos apresuremos en esto. No debes apresurarte haciendo tareas y tareas. Esta es una hora del día que es para ti, y para nadie más. Tómate un café y siéntate a leer, o escucha música.

Estás a punto de embarcarte en una rutina completamente nueva en tu vida, una que asegura la satisfacción que nunca antes has sentido.

CONSEJO 3:

La siguiente parte importante es desglosar algunas de las tareas necesarias en tu vida. El primero en apuntar, es la comida. Has un plan de comidas para toda la familia.

No hay excusa de que no tienes tiempo. Para empezar podrías hacerlo en esa primera hora del día, con una taza de café en la mano. Incluye TODAS las comidas, como desayunos, almuerzos, cenas, bocadillos e incluso algunos postres. El desayuno puede ser el mismo desayuno todos los días, pero prepara almuerzos y cenas variadas.

Ya puedes comer una dieta saludable, o puedes comer comida para llevar. Independientemente de lo que estés haciendo, estás a punto de mejorarlo o cambiarlo.

Esta tarea te obligará a pensar en la comida que ingresa a tu cuerpo. Aprovecha esto como una oportunidad para asegurarte de que solo consumas alimentos saludables. Investiga sobre lo que percibes como una dieta saludable.

Prueba la dieta mediterránea, es una opción saludable tradicional, y no una moda. Si sufres de diabetes, prueba una dieta baja en carbohidratos.

La tarea principal es eliminar TODOS los alimentos poco saludables, directamente de tu vida. Eso incluye cualquier cosa con azúcares almidonados y sal en exceso. Aprenda a identificar lo que hay en las etiquetas de lo que compras. Incluye más alimentos integrales, como la pasta integral, el arroz salvaje y el pan integral.

Además, purga tu cuerpo de los venenos de los alimentos procesados. No hay comida para llevar, o comidas rápidas. No compres alimentos procesados, cuando no estás en tu casa. Enséñate acerca de las grasas buenas y malas. Por ejemplo, usar nada más que aceite de oliva para cocinar significa que lo está haciendo bien.

Al comer más verduras, frutas, pescado y carne blanca, vas en la dirección correcta para tu salud. Al hacer un plan de menú, ESTÁS EVITANDO esas tentaciones de las que hemos hablado anteriormente. Este plan de menú es convertirse en una parte integral de tu nuevo régimen.

CONSEJO 4:

Ahora tienes un plan de menú bien organizado; crear una lista de compras. De esta manera, no gastarás de más y te concentrarás en NO comprar alimentos poco saludables. Una vez que estés en la rutina de hacer esto, considera hacer un plan de menú para el mes.

Se trata de rutina y disciplina. Al aprender a organizar las tareas de la vida, las tentaciones se convertirán en algo del pasado.En esta etapa, solo has hecho pequeños cambios en tu vida. Deberías levantarte una hora antes, y tus compras y comidas ya no serán un asunto fortuito.

CONSEJO 5:

El siguiente obstáculo es aprender a concentrarte en ti mismo. Enfócate en tu propio cuerpo y mente. No hay mejor manera de hacerlo que crear una rutina de ejercicio regular.

No necesitas ser intrusivo en tu vida. Sin embargo, supondrá una diferencia tan grande para tu salud, que te alegrarás de haber introducido un régimen de este tipo en tu agenda.

La cantidad de ejercicio que necesitas depende de tu edad. DEBES hacer al menos el mínimo recomendado, en una semana. Eso significa que:

• Una caminata rápida y saludable, dos veces por semana de al menos 6000 pasos. Esto solo toma alrededor de una hora.

• 4 ejercicios energéticos de 30 minutos, como caminar, nadar o diseñar un ejercicio en casa, o incluso en la oficina.

Si tu eres el tipo de persona que encuentra difícil encajar esas cosas en tu vida, entonces PARA y PIENSA. ¿Qué es lo que está llenando tu vida tanto que no puedes pasar un tiempo para asegurarte de que estás sano?

Incluso si trabajas a tiempo completo, puedes incluir algunas caminatas en tu período de almuerzo. No hay excusa, tienes toda la semana para hacer lo mínimo.

CONSEJO 6:

Siéntate y escribe la rutina de una semana entera, y estudia. Mueve las cosas y asegúrate de que encajas en tu rutina de ejercicio personal. Además, ingresa tiempo para escribir tus planes de menú y el día que irás de compras. Consigue todas estas tareas rutinarias escritas en piedra. Dibuja un horario y pégalo en el refrigerador donde puedas verlo.

En este capítulo te he animado a:

1. Identificar lo que te hace infeliz.

2. Levantarte 1 hora antes para tener algo de "tiempo para mí".

3. Hacer un plan de menú para ti y tu familia.

4. Desde el plan del menú, escribir una lista de compras, para que no tengas la tentación de comer alimentos poco saludables.

5. Hacer el régimen de ejercicio mínimo básico, todas las semanas.

6. Establecer un calendario de tu paradero a lo largo de la semana, ajustándote a: el ejercicio básico, la creación de tu plan de menú y la recopilación de una lista de compras.

Esto requerirá autodisciplina para lograrlo, ¿puedes hacerlo? Incluso si fracasas, puedes levantarte y tener otra oportunidad la semana siguiente. No necesita decirle a nadie que está haciendo esto, porque lo está haciendo por usted, no por ellos. Continúe hasta que haya alcanzado este primer conjunto de objetivos.

Ahora está listo para desarrollar su ser interior, así que continúe leyendo para un contenido más feliz y un estilo de vida más feliz.

Capítulo 2 - El valor de aprender la paciencia

Lo que he enfatizado hasta ahora, es que tener una rutina estructurada puede ayudar a que la vida se sienta más significativa. Cuanto más organizado estés en tu vida: cuantas más personas vendrán a confiar en ti. La mayoría de nosotros queremos sentirnos apreciados. Una forma de lograrlo es convertirse en una persona confiable.

Ahora viene el "PERO", la confiabilidad no es un atributo de interruptor de "encendido y apagado". No puedes decepcionar a la gente si sigues este camino. Para mantenerse seguro y ser un líder, significa que primero debes cuidar de tu propio bienestar. Para ser esa persona, debes eliminar TODOS los aspectos negativos de tu vida, o al menos tantos como sea posible.

Si ha leído el Capítulo 1, comprenderás lo que se necesita para organizarse más. Crear una rutina en tu vida, te ayudará.

En este capítulo, quiero mostrarte la importancia de la "paciencia". No solo por tu propia salud, sino también por la felicidad de quienes te rodean. Veamos qué le sucede a tu cuerpo cuando intentas apresurar las cosas.

ESTRÉS:

Esto puede ocurrir como resultado de apresurarse en tareas y problemas. Cuanto más te apresures, peor se volverán los síntomas. Tu cuerpo producirá más hormonas llamadas cortisol y adrenalina. Esto hará que tu corazón late más rápido. Tu cuerpo está actuando de acuerdo con la "llamada de estrés", por lo que sus músculos se tensarán, preparándose para la situación de "lucha o huida". La presión arterial aumentará. Tu respirarás más rápido. Podrías volverte irritable y sentir ira o nerviosismo. Incluso podrías deprimirte si sientes estrés durante un período prolongado. Puedes comenzar a experimentar una falta de concentración. Si no eres capaz de concentrarte, entonces la resolución de problemas será imposible.

Los aumentos extremos y regulares de la hormona cortisol pueden causar daño a las células cerebrales.

Los síntomas anteriores son bastante naturales, en la situación correcta. Si te enfrentabas a un peligro, o sufrías ansiedad de naturaleza extrema, como la muerte de un ser querido. Estos síntomas no deben ser una parte constante de tu vida a largo plazo, como lo serán si te sometes a un estrés continuo.

Primero, aprende a entender las señales de advertencia de tu propio cuerpo. Si estás pasando el día con el corazón acelerado, no encuentras tiempo para comer y te cansasrápidamente, entonces estás haciendo todo mal. Si no puedes escuchar tus propias señales de advertencia, ¿cómo podrás escuchar y ayudar a otras personas?

Tómate un descanso y organiza tu vida para que no estés experimentando estrés. Solo así podrás aprender el arte de la paciencia.

PACIENCIA:

Escuchando lo que la gente te dice. Permitiéndoles terminar sus oraciones sin comparar tus propias experiencias con las de ellos. Te están diciendo algo, porque pueden tener que desahogarse. Dales el espacio para hacer esto, y tendrás la recompensa de saber que los has ayudado. Llámalo "el placer de dar", si quieres. Es un regalo maravilloso.

Cuando hables, piensa en tus palabras antes de decirlas. Asegúrate de que estás contribuyendo con esas palabras, y no obstaculizando. Lo último que quieres es que te conozcan como un "gemido". A nadie le gusta tener una persona que se queja como amigo. No te conviertas en víctima de cada situación en la que te encuentres. Entonces, ¿qué pasa si un automóvil te salpicó con un charco o un perro hizo caca en tu patio? Ríete de las pequeñas cosas. Más especialmente si estás conduciendo. Ignora a los que cortan delante de ti. ¡Lo digo en serio! Si recorres tu vida sintiéndote infeliz en cada evento, entonces tu cuerpo producirá todas esas hormonas malas y te pondrás enfermo. Aprende a lidiar con los pensamientos negativos mediante:

Si recorres tu vida sintiéndote infeliz en cada evento, tu cuerpo producirá hormonas dañinas que te enfermarán. Aprende a lidiar con los pensamientos negativos analizando lo que estás pensando: ¿Por qué estás loco, triste, molesto? ¿De qué te servirá a ti, oa cualquier otra persona, si continúa con ese pensamiento o acción? No juzgues a los demás, y ellos te confiarán más.

Es cierto que "la paciencia es una virtud". Sé quien se comporta con calma, ante la adversidad. Practica ser paciente en situaciones que pueden ser estresantes a lo largo del día. Tal vez con los niños en casa, o colegas en el trabajo, manejando el auto, montando el tubo.

Un estudio en 2007 (Schnitker & Emmons), mostró que una persona que es paciente, tiene menos probabilidades de sufrir los efectos de los problemas de salud mental. Schnitker realizó estudios adicionales en 2012, y creó un modelo de tres niveles:

• Las personas que comprenden las insuficiencias de otras personas y no juzgan, tienden a tener una perspectiva más optimista y están más contentas con su suerte.

• Aquellos que pueden enfrentar dificultades sin culpar a otros, como lidiar con poco dinero, tienden a ser personas más valientes, que sienten esperanzadas ante cada obstáculo que intenta bloquearlos.

• Aquellos de nosotros que nos las arreglamos para superar las pruebas y tribulaciones diarias que la vida puede lanzarnos, como hacer cola, tráfico, fallos en la computadora, etc. sin estresarnos o volvernos agresivos, a menudo somos el tipo de persona que está bastante satisfecha con mucho. Es poco probable que sufran depresión.Pueden tener ataques de estar hartos, pero eso es completamente diferente a una depresión profunda.

Schnitker resumió que las personas pacientes son buenos amigos para tener cerca. Son más empáticos, desinteresados y perdonadores. También cooperarán mejor si ven que ayudará a otros. También es poco

probable que sean personas solitarias, porque su generosidad de bondad atrae más amistades.

CONVIÉRTETE EN UNA MEJOR PERSONA:

Aquí hay algunas ideologías para pensar, y luego apuntar. No puedes ser esta persona en un día, así que practica tales pensamientos y comportamiento todos los días, hasta que te conviertas en esta persona.

1. Usa tus pensamientos conscientes, para convertirte en una persona que pueda controlar tus propias emociones.

2. Ten en cuenta tus pensamientos

negativos y analízalos.

3. Se trata de retrasar tu propia gratificación. En cambio, ayudas a los demás.

4. No seas crítico.

5. Sé más comprensivo con los problemas de otras personas.

6. Ve a TODAS las personas como seres humanos y trata a todos con amabilidad. Si no lo aprecian, hazlo de todos modos.

7. No te apresures. En su lugar, sé mejor organizado, y luego harás más cosas.

8. Haz un hábito de contar hasta 10, antes de hablar o actuar. Esto te da tiempo para decidir si lo que estás a punto de decir, o hacer, es útil o negativo. Por ejemplo, si estás enfadado con tu hijo, cuenta hasta 10 antes de actuar. A medida que tu propio estrés se reduce, también lo hará tu reacción negativa.

Capítulo 3 - Practica la compasión todos los días

Si entiendes el valor de la paciencia, entonces ya serás una mejor persona para ello. Mostrarle a los demás una amabilidad que los haga sentir bien consigo mismo, también te hará sentir bien contigo mismo. Debes crecer como individuo, centrándote en las necesidades de los demás. Esto te ayudará a estar mucho más contento con tu vida.

P: ¿Por qué deberías centrarte en las necesidades de los demás?

R - Los estudios han demostrado que las personas que practican la compasión producen más hormonas naturales buenas. El químico DHEA contrarresta el envejecimiento. También producen menos hormonas negativas como el cortisol, que es una hormona del estrés.Todo esto se logra, aprendiendo a sentir lo que los demás sienten.

Veamos las siguientes tres perspectivas, que a menudo se confunden entre sí:

Simpatía: sientes pena por alguien, generalmente porque está sufriendo de alguna manera. No necesariamente quieres ayudarlos, pero sientes lástima por su situación. Su reacción a tu simpatía puede ser la ira, porque la mayoría de las personas odian sentirse compasadas.

Empatía: reconoces el sufrimiento de alguien y sientes su dolor. Eso es porque puedes ponerte en sus zapatos y entender mejor sus emociones. La diferencia con sentir empatía, en lugar de simpatía, es que no quieres mostrar pena, porque tienes una idea de su desesperación. Tampoco necesariamente quieres ayudarlos, pero sí entiendes lo que sienten, en un sentido más profundo.

Compasión: aquí tenemos la empatía, con la ventaja adicional que QUIERES ayudarles. Quieres aliviar su dolor, porque odias ver sufrir a otros.

Esta es la siguiente etapa en tu desarrollo personal; Aprendiendo compasión y convirtiéndote en una mejor persona, por dentro y por fuera.

P - ¿Por qué deberías practicar la compasión?

R - Es una herramienta importante para cultivar tu propia felicidad y la de quienes te rodean.

Primero debes aprender a sentir auténtica empatía por los demás. Reconocer situaciones infelices. Practica observando a los demás, todos los días, para que puedas aprender cómo se comportan las personas.

Nada de este auto entrenamiento es fácil de hacer, pero si quieres sentirte más contento con tu vida, debes convertirte en una mejor persona. Para poder empatizar con los demás, necesitas entender lo que implica; Imagina que sucede algo terrible, tal vez incluso a alguien que conoces; Luego pon tu mente en su cabeza, y trata de pensar en todas sus emociones confusas. Se le conoce como "reflexión", ya que estás intentando pensar qué piensan ellos. ¿Se culparían a sí mismos?

¿No verían y sentirían ninguna esperanza? ¿Cómo te sentirías en una crisis?

Una vez que comienzas a ver la confusión de sufrimiento, solo entonces tu respuesta puede ayudar a las víctimas. Evita que se culpen, muéstrales la esperanza. No puedes hacer esto si no aprendes a ver otros puntos de vista de las personas. Debes aprender a abrir tu propia mente y tu corazón.

Ningún humano quiere sentir voluntariamente miedo. Piensa en todas las cosas que anhelas, como la felicidad y el disfrute. Agregue a eso todas las cosas que no quiere, como el miedo, la tristeza y la soledad. Ahora recuérdate, así es como piensan todos los que te rodean. Todos queremos la misma cosa. Debes aprender a comprender cómo y por qué las personas son infelices. Solo entonces estarás en posición de ayudarlos.

Aquí hay algunas cosas que debes practicar, diariamente:

- Ser una persona agradable para otras

personas.

• Ofrecer una sonrisa.

• Muestra bondad a todos los que ves.

• Muestra gratitud genuina cuando alguien te ayuda.

PERDÓN:

Cuando te encuentras capaz de pensar y comportarte de la manera que te he sugerido, solo te queda un obstáculo; El del perdón.

Este es igual de difícil, porque significa perdonar a quienes te maltratan, oa quienes ves maltratar a otros. En lugar de sentir enojo por ellos, debes concentrarte en POR QUÉ esa persona está actuando como lo ves. En tal situación, debes aprender a sentir compasión por la persona que actúa de manera cruel y egoísta, así como por sus víctimas.

P - ¿Por qué perdonar a alguien que es egoísta y cruel?

R - La gente no nace de esa manera, algo les ha pasado para que sean tan amargos. Esta no es una excusa para perdonar sus malos caminos, es una explicación para ti, sobre cómo encontrar el perdón.

El perdón es una emoción que realizas en tu propia mente. Decides conscientemente no sentirte amargado por aquellos que hacen algo malo. Tu perdón no hace ningún bien a nadie más, pero te hace una mejor persona para que puedas ayudar a otros a aprender a perdonar.

Es una forma en la que puedes darte paz mental. Si sigues enfadado con los que hacen lo malo, experimentarás un rastro de amargura que continuará y nunca terminará. La ira tiene un efecto corrosivo y consumirá tus esfuerzos para convertirte en una mejor persona. Si puedes aprender a perdonar, nunca volverás a experimentar los pensamientos negativos de la venganza. Tu propio ser interior se beneficiará de la capacidad de perdonar genuinamente a quienes hacen el mal:

Ya no cargarás con la carga de la venganza, sentirás una felicidad más saludable en la vida, si te aseguras de que las acciones de otras personas no contaminen tus propios sentimientos. Si no aprendes a perdonar, continuarás sintiendo ese dolor de amargura, y se torcerá y volverá tu mente para enfocarte en pensamientos dolorosos. Sentir perdón es liberar tu propia mente de ese dolor de inquietud. Te permitirá seguir adelante, sin ira y sin deseos de venganza odiosa, y así levantar tu propia carga de emociones negativas.

Estás asumiendo la responsabilidad por ti mismo y no permites que los demás te hagan sentir retorcido en tus emociones. Una vez que haces la paz dentro de tu propia mente, te estás liberando para ayudar a otros que están sufriendo.

Además, si puedes aprender a perdonar, entonces también estás aprendiendo a no juzgar.

En el Capítulo 1, sugerí que te levantes una hora antes. Ahora es un buen momento para comenzar a aprovechar esa hora para tu propio bienestar. Cuando te sientas relajado y despiertes lentamente, piensa en el día que viene; recuerda que:

• Hoy vas a ser positivo.

• Mostrar bondad a los demás.

• Ser útil cuando sea necesario.

• No te permitas sentir molestia por el comportamiento de otra persona. En su lugar, tu "reflexionarás" sobre sus acciones, como hemos hablado anteriormente.

• Trata de entender por qué los demás se comportan como lo hacen.

Cuando te acuestes por la noche, pasa un tiempo pensando en tu día:

• ¿Cómo interactuaste con las personas que entraron en tu vida ese día?

• ¿Estabas contento con tus propias intercomunicaciones con ellos? ¿Podrías haberlo hecho mejor?

- ¿Has molestado a alguien? Si es así, ¿por qué?

- ¿Alguien te molestó? Si es así, trata de entender su punto de vista.

- Si son regulares en su vida diaria, intenta conocerlos un poco mejor.

- Muéstrales algo de tu compasión bien practicada.

Capítulo 4 - El ejercicio es un salvavidas

AUTODISCIPLINA BÁSICA:

He mencionado el ejercicio varias veces en capítulos anteriores. Hablé acerca de hacer lo básico, por lo que tu cuerpo tiene la oportunidad de luchar para mantenerse en forma. No todos están interesados en entrenamientos físicos constantes, PERO DEBES hacer lo básico. Como recordatorio, aquí están nuevamente, realiza una de las siguientes acciones, todas las semanas:

• Una caminata rápida y saludable, al menos dos veces por semana, de al menos 6.000 pasos. Esto solo toma alrededor de una hora.

• 4 ejercicios energéticos de 30 minutos, como caminar, nadar o hacer ejercicio en casa o en la oficina.

No se necesita la tendencia actual de alcanzar 10.000 pasos al día. Deriva de los fabricantes de uno de los primeros podómetros (contadores de pasos). Creerías que era un truco de marketing. Si lees las recomendaciones básicas, verás que es como he descrito. Sin embargo, debes intentar apuntar al menos 4.000 pasos vigorosos al día, para ayudar a mantener tu corazón saludable.

Aparte de eso, no hablaremos de los ejercicios de gimnasio, ese no es el tipo de ejercicio que es necesario para la mayoría de las personas. Muchos, a los que les gusta ir al gimnasio, lo hacen porque disfrutan de ese tipo de entrenamiento físico.

Es posible que deseen tener una cierta forma del cuerpo. Si bien este libro tiene que ver con la capacitación, se encuentra en un nivel más profundo que el entrenamiento diario del gimnasio. El tipo de entrenamiento que deseo que saques de esta guía es más una forma de pensar.

Primero, quiero que te asegures de hacer los ejercicios físicos básicos cada semana, para mantener tu corazón saludable.

Además de eso, oblígate a tomar las escaleras, en lugar del ascensor, si solo vas a 4-5 pisos.

Si sientes que tu corazón se acelera rápidamente después de subir esas escaleras, eso es bueno. Eso es exactamente lo que tu corazón necesita.

Además de eso, asegúrate de caminar en lugares que están a menos de una milla de distancia. Los músculos necesitan movimiento, o se debilitan. Una milla no está lejos, y la mayoría puede hacerlo en menos de 15 minutos a un ritmo acelerado. Camina a donde puedas. Si trabajas en una ciudad ocupada y tomas el automóvil, estaciona en un estacionamiento donde te veas obligado a caminar por lo menos una milla para ir al trabajo. Más especialmente si trabajas en un ambiente sedentario, sentándote la mayor parte del día en el trabajo. Puede parecer una molestia, pero confía en mí, te sentirás mejor por ello. No particularmente por el ejercicio. Esa caminata al trabajo ayuda a frenar el día desde el principio. Considera una caminata para ser "mi tiempo", que le da tiempo para reflexionar y pensar sobre el día por delante.

P - ¿Cómo el ejercicio te hace una mejor persona?

R - Porque tu cuerpo producirá endorfinas, que te ayudarán a sentirte bien.

AUTO DISCIPLINA MEDITACIONAL:

TAI CHI:

Una forma de aumentar tu régimen de ejercicio, sin sobrecargar tu cuerpo, es el Tai Chi. No solo es una excelente manera de aumentar tu estado físico, sino que también eleva tu espíritu. No me refiero a un sentido religioso, sino a un sentido de sí mismo; tu bienestar.Tai Chi, es un gran régimen de ejercicio, independientemente de tu edad.

Está más allá del alcance de este libro enseñarte Tai Chi. Lo que puedo decirte son las muchas ventajas de seguir esta forma de ejercicio.

Es un antiguo ejercicio artístico, dándole gran credibilidad. Los movimientos gráciles pueden ser para personas que están en forma, y también para personas que no pueden moverse sin sentir dolor. Esto lo hace adecuado para todas las edades, y todos los niveles de fitness.

Aprenderás movimientos coreográficos y cómo realizarlos casi en cámara lenta. El éxito está en la velocidad del rendimiento. La lentitud obliga a los músculos a trabajar al máximo, sin que te des cuenta. Los estudios han demostrado que esto conduce a un mejor equilibrio y reduce el estrés.

Ciertos movimientos pueden ayudar con enfermedades como la artritis.

Los practicantes de Tai Chi son capaces de reducir su estrés diario. Esta forma de arte eleva tu sentido de autoconciencia. El estrés a largo plazo tiene un efecto devastador en el cuerpo humano, ya que desencadena una liberación de cortisol que, si se mantiene, causa daño a las células cerebrales. El Tai Chi ayuda a contrarrestar estos efectos adversos, debido a su naturaleza pacífica. Se realiza en muchos niveles, incluso como un medio de defensa propia.

Pero, para nuestro propósito, solo buscamos usarlo como una forma de relajarnos y mantener un cuerpo más saludable.

Los movimientos te ayudan a enfocar tanto la mente como el cuerpo. Podrías llamarlo un tipo de auto-terapia, pero también es un medio de ejercicio. Los científicos taiwaneses han descubierto que aquellos que practican esta forma de arte, tienen más células madre. Efectivamente, estas son las células que renuevan las células dañadas. Algunos estudios incluso presumen que la práctica del Tai Chi puede aumentar el crecimiento del cerebro.

Una vez que adquieras experiencia con estos movimientos, descubrirás que tiene muchos méritos. Nunca volverás a pararte con la mandíbula apretada y los músculos tensos alrededor de tu cuerpo. La formación de este arte va mucho más allá del mero ejercicio. Es a la vez metódico y gratificante, la curación y el alivio del estrés. Como estirar los tejidos blandos y relajar el sistema nervioso central, no puedes darte el lujo de no convertirse en un practicante en el arte del Tai Chi.

YOGA :

Igualmente el yoga juega su parte en este tipo de ejercicio. De hecho, hay muchas formas de métodos bien establecidos de armonización y autodesarrollo para elegir. El yoga es una forma antigua popular de movimientos, y se puede practicar en muchos niveles. Nuevamente, este es un método para aprender a observarse desde dentro. Al elegir convertirte en un estudiante de una de las técnicas más antiguas de ejercicio, aprenderás, no solo a ejercitar tu cuerpo, sino también tu mente. Esta es la forma de autoconciencia que forma parte de la disciplina que buscamos en este libro.

Sí, también son parte del aprendizaje de la meditación. Solo puedo animarte a que sigas cualquiera de estas rutas, ya que solo pueden llevarte al camino de un mejor estilo de vida.

Capítulo 5 - Medita tus problemas lejos

En este Capítulo, quiero que aprendas lo importante que es el aire que respiras, especialmente para tu salud.

El aire que respiramos es nuestro salvavidas. Simplemente no podemos existir sin él. La forma en que absorbemos ese aire que preserva la vida tiene un impacto significativo en nuestro bienestar. ¿No tendría sentido, entonces, utilizar ese elemento que da vida para mejorar nuestro bienestar? Es posible hacer esto. De hecho, es un paso necesario que debes tomar, como parte de tu programa de autodisciplina positiva.

EL ARTE DE LA MEDITACIÓN:

La meditación puede ser algo que se relacione con los monjes, o aquellos que practican yoga.

P - ¿Por qué la gente practica el arte de la meditación?

R - Es una herramienta útil para la

relajación instantánea.

A medida que avanzas en tu trabajo diario, tiene sentido tener algunos trucos bajo la manga. Estas serán formas que te ayudarán a lidiar con el conflicto y el estrés. En tu intento de convertirte en una mejor persona, tales formas antiguas resultarán ser herramientas útiles para tu objetivo. Echemos un vistazo a algunos de los métodos:

MEDITACIÓN CONSCIENTE:

Este es un gran activo para el alivio del estrés instantáneo. La razón de este tipo de ejercicio es ayudar a alejar tu mente de cualquier situación estresante que experimentes. No es fácil al principio, necesitarás practicar esa paciencia.

Cierra los ojos y lleva tu mente a un lugar mejor, como una playa, el mar, un bosque. Al principio, puede parecer extraño intentar hacer esto en medio de una crisis. Con la práctica, pronto te darás cuenta de que puedes desconectarte de tu entorno. Aprenderás a visualizarte en un lugar tranquilo y relajante. Todo lo que debes hacer es concentrarte en tu mente, por unos minutos.

Al hacer esto, estás enviando mensajes más tranquilos a tu cerebro. Esto evitará que tu cuerpo produzca esos químicos de "lucha o huida". Cuando adquieras más experiencia, ayudarás a que tu ritmo cardíaco disminuya, tu sistema digestivo no estará en nudos con el estrés. Habrá muchos beneficios para mantener la calma. Puedes lograr esto, simplemente canalizando pensamientos calmantes.

TÉCNICAS DE RESPIRACIÓN:

Junto con las sesiones de meditación, también debes comenzar a practicar técnicas de respiración. Estos son simples y muy beneficiosos para el alivio del estrés.

Cierra los ojos y respira profundamente por la nariz. Respira ese aire fresco en tus pulmones. Mientras lo haces, deja que tu estómago se expanda. Luego canaliza el aire para que tu pecho se levante. Tus pulmones ahora están llenos de aire.

Mantenlo ahí por 5 segundos.

Luego deja que todo el dióxido de carbono salga por la boca. Ese aire que acabas de tomar, ahora está ayudando a mantener tus órganos, particularmente tu cerebro. Cuando lo respires, piensa en ello como alejar cualquier pensamiento negativo que haya en tu cabeza.

Estas son dos técnicas útiles de relajación que puedes realizar en cualquier lugar y en cualquier momento. En un autobús, en la oficina, incluso puedes hacer la técnica de respiración cuando caminas por un centro comercial. Todo añadiendo a tu relajación.

RELAJACIÓN MUSCULAR:

Agrega a estos ejercicios diarios de meditación y método de respiración controlada, aprendiendo cómo hacer un escaneo corporal. Esto se realiza mejor en una mañana o en una tarde, pero debes hacerlo al menos una vez al día. Es fácil, por lo que no tienes excusa para no introducir este ejercicio de relajación en tu régimen diario.

Es mejor hacerlo acostado, pero si te sientes estresado en una emergencia, puedes hacerlo sentado o incluso de pie, siempre que puedas cerrar los ojos.

Relaja cada parte de tu cuerpo lo mejor que puedas. Comienza con unos minutos de la técnica de respiración.

Incluso podrías hacer un poco de meditación consciente.

Piensa en la parte inferior de tu cuerpo, moviendo los dedos de los pies, y NO muevas nada más. Enfoca tus pensamientos solo en tus pies. Estira todos los músculos diferentes de cada pie. Gira el pie alrededor si el calambre te agarra. DETENER.

Ahora mueve tus pensamientos un poco más arriba, hacia tus tobillos, y gira tus pies en círculos. Enfoca tu mente en la articulación de tu tobillo. DETENER.

Ábrete camino por tu cuerpo. Sólo la parte en la que te estás enfocando debería estar en movimiento. Aprieta los músculos detrás de tus espinillas, luego en tus muslos, parte inferior, estómago. Ábrete camino por tu cuerpo.

Cuando llegas a tus extremidades, como las piernas y los brazos, puedes mover ambos al mismo tiempo, a menos que tengas suficiente tiempo para concentrarte en uno a la vez.

Cuando llegas a tus ojos, al abrirlos y cerrarlos, casi has completado el escaneo corporal. Imagina que todos los dolores y molestias que has sentido durante el día acaban de llegar a tu cerebro mientras lo escaneabas. Finalmente, respira profundamente hacia adentro por la nariz. Cuenta hasta 5. Luego deja salir todos tus pensamientos mientras exhalas el aire por la boca. Respira hondo por la nariz y exhala por la boca antes de terminar.

Con práctica, el escaneo corporal es una manera brillante de librarse de cualquier problema o preocupación. Puede tomar media hora, o solo un par de minutos, lo que el tiempo lo permita. Lo que deberías haber logrado, es alejar los pensamientos negativos y el estrés de tu mente.

El escáner corporal no solo es bueno para tu bienestar mental. Has estado tirando y estirando los músculos. Esta es una técnica increíble para desenrollar cualquier tensión física que ni siquiera sabías que tenías. También puede ayudar con esos dolores de cabeza.

Por supuesto, el estrés no se queda para siempre. Es bueno aprender muchas técnicas pequeñas de meditación, para ayudar a superar tu día, de una manera positiva.

Puede hacer el siguiente ejercicio sentado, de pie o acostado:

• Mueve tu cabeza hacia un lado. Tira de la cabeza para que sientas que se estiran los músculos de la parte posterior del cuello. Mantenlo ahí por 5 segundos. Repite en el otro lado. Haz esto por lo menos 5 veces por cada lado.

• Masajea el puente de tu nariz y el

pómulo, con los dedos.

• Mueva tu cabeza en movimiento lento y circular hasta que hayas completado el círculo. Mientras lo haces, masajea la parte posterior de tu cuello con la punta de los dedos.

Estirar los músculos, y un suave masaje con los dedos, pueden ser excelentes calmantes para el estrés. La tensión del cuello puede provocar dolores de cabeza, así que aprende a aliviar las tensiones en tu cuello. Levanta los hombros, luego enróllalos hacia delante y luego hacia atrás.

La tensión de la mano puede ser un obstáculo si trabajas con las manos, como un mecanógrafo. Aprende ejercicios pequeños para darles un descanso bien merecido, como: Haz un puño y luego presiona todos tus dedos en forma de estrella. Repite un par de veces hasta que tu mano tiemble de alivio.

Sé más consciente de lo que tu cuerpo te está diciendo a lo largo del día. Por ejemplo, ¿aprietas los dientes sin siquiera darte cuenta de que lo estás haciendo? Pronto sabrás la respuesta una vez que comiences a enfocarte en tu propio cuerpo. El estrés hace cosas terribles para el sistema digestivo. Aprende cómo hacer que tu cuerpo se relaje de la manera que hemos discutido, y tu intuición funcionará mucho mejor.

Capítulo 6 - Cambia tus hábitos de consumo

El título de este capítulo parece bastante ominoso, pero es el camino de los países industrializados modernos.

EL IMPACTO DEL CONSUMO HUMANO:

Cuando somos jóvenes, asistimos a la escuela para obtener una educación. Algunos luego van a la universidad, para promover esa educación en campos más especializados para sus carreras.Como adultos, esa educación puede ayudar a encontrar un empleo remunerado. Con los ingresos del empleo, nos esforzamos por mejorar nuestro disfrute de la vida.

Ahora, podemos costear los últimos aparatos y lujos. No se detiene ahí, porque cuanto más tenemos, más queremos. Nos obsesionamos con nuestra propia codicia adictiva para encontrar la felicidad de esta manera. Bienvenidos al mundo del consumismo.

No hay felicidad a largo plazo al tener un

televisor más grande, un automóvil más rápido o un sistema informático más elegante. Sin embargo, nos quedamos ciegos por la necesidad de los artículos más nuevos, más rápidos y de moda. Los gadgets consumen al consumidor. ¿A qué costo tiene este consumismo en nuestro mundo?

Para hacer todo lo que consumimos, hemos producido enormes fábricas de contaminación. Envenenan el mismo aire que respiramos. Comemos y bebemos hasta la glotonería. A menudo, sin preocuparse por el bienestar de los animales, o los resultados de esa codicia sobre nuestra propia salud.

En cada avenida posible, tomamos recursos naturales, como el gas y el carbón, de nuestro planeta. Luego los usamos para nuestra propia auto-gratificación, como manejar nuestros autos o mantener calientes todas las habitaciones de la casa. Arruinamos nuestro ecosistema, todo en nombre del consumismo.

Finalmente, tenemos la audacia de negar que hemos desempeñado algún papel en la destrucción de nuestro planeta. Una destrucción que está causando la extinción de muchos animales que comparten esta tierra con nosotros. Es cierto que los humanos no usan la increíble inteligencia con la que nacen, por las razones correctas. En su lugar, lo convertimos en creación de lujos para nosotros mismos, hasta el punto de la auto-gratificación, independientemente del daño a nuestro medio ambiente.

Nos hace interesante la lectura, ¿verdad?

APRENDIENDO A AMAR TU MUNDO:

No puedes amar a nadie ni a nada, a menos que comprendas completamente de qué se trata el amor. Practicar el desinterés, dar y compartir, apoyar y ser dignos de confianza. Debes aprender el significado mismo de esta emoción y permitir que crezca dentro de tu mente. Debes practicar lo que has aprendido, y luego compartirlo y difundirlo entre tus semejantes.

P: ¿Cómo puede alguien aprender a amar cuando la avaricia y el odio nos rodean?

R - Elevándose por encima de la naturaleza adictiva de la codicia, y enseñando a los que pasan en tu vida, a tener en cuenta lo que hacen.

En este libro, he enfatizado la necesidad de autodisciplina en muchas partes fundamentales de tu propia vida. Lo que comes, cómo te ejercitas. Luego, te pedí que progresaras más allá de estos conceptos básicos aprendiendo todo acerca de tu ser interior. Practicar la bondad, el perdón y la empatía todos los días de tu vida.

Abrazando este nuevo estilo de vida para tu propia cordura y felicidad.

Practica el cuidado de tu propia salud, para que luego puedas obtener la información para cuidar de los demás. Una vez que te conviertas en esa persona que SÍ se preocupa por los que te rodean, entonces también puedes comenzar a preocuparte por el mundo. Solo entonces encontrarás esa profunda satisfacción que la vida puede traer, si la permites.

ENTENDIENDO LA NATURALEZA:

Cada uno de nosotros es una sola criatura viviente. Tenemos poco control sobre los gobernantes y los políticos, que permiten daños al medio ambiente en nombre del consumismo. Donde sí tenemos control, es sobre nuestra propia existencia individual. Cada uno de nosotros puede desempeñar un pequeño papel en la etapa de la vida. Ese rol es importante, incluso si todo lo que tienes éxito es ser una buena persona. Una persona que no abusa de la tierra, o de las personas y animales que viven de ella.

Huele ese aire cuando estás junto al mar. Ese mismo aire que contaminamos en la fabricación de bienes.

Mira el poder de las olas golpeando a tus pies. Dentro de esas mismas olas vive un conjunto dinámico de formas de vida.

Seres que se envenenan con los contaminantes que alimentan nuestro consumismo.

Mira de cerca los árboles y respeta cómo son nuestra propia línea de vida. En cierto sentido, son los pulmones de la tierra. Proporcionan aire limpio, al absorber el monóxido de carbono y otros gases dañinos. Entonces, nos proporcionan oxígeno. Algunos creen que un solo árbol puede proporcionar suficiente aire para 4 personas por un día. La naturaleza nos proporciona un entorno que nos permite desarrollarnos. No lo arriesguemos con nuestra codicia.

Solo respetando nuestro mundo, el planeta tierra, ¿aprenderemos a estar en paz con la naturaleza? Solo necesito decirte una palabra para demostrar cómo la humanidad y el consumismo han dañado al mundo, esa palabra es "plástica". Ese es nuestro legado a la tierra, una sustancia que durará cientos, si no miles de años. Envenena nuestra tierra y mares, y es perjudicial para otras criaturas que comparten el mundo con nosotros.

Tu puedes hacer una diferencia, si cambias tu estilo de vida ahora.

Aprende a hacer sin esas cosas que REALMENTE no necesitas:

• De acuerdo, es difícil no necesitar un automóvil para ir de A a B, pero no tiene que ser un bebedor de gasolina.

• Claro, ver televisión, es una excelente manera de desconectar, pero pregúntate cuántos paquetes de televisión realmente necesita.

• Hacer recortes financieros para levantar las tensiones en tu presupuesto.

• No estoy diciendo que te conviertas en vegetariano, sino que reduzcas el consumo de carne, por el bien de los animales de granja que a menudo son maltratados.

• A quién le importa si los lujos se vuelven más caros. Eso es bueno, así que solo los compraremos ocasionalmente.

Conviértete en una mejor persona, y vivirás una vida más rica, y los que te rodean también serán más ricos, por conocerte. La riqueza no se cuenta necesariamente en términos monetarios; Puedes ser rico de la experiencia del amor y la bondad. Entonces, puedes devolverlo a cambio. Sé que no puedes amar a un extraño, y eso sería algo extraño. Lo que puedes hacer, sin embargo, no es juzgar a ese extraño sobre su forma de elegir vivir sus vidas.

Todo lo que cada uno de nosotros puede hacer, en nuestro corto tiempo en esta tierra, es hacer todo lo posible para ser una persona realmente buena. Comienza con todas las formas que discutimos en este libro.

Conclusión

El significado de la vida es un concepto difícil de definir, ya que puede ser una experiencia diferente para cada uno de nosotros. No estamos en esta tierra por mucho tiempo, en comparación con la edad del universo mismo. Una vez que hayas tomado el control de la rueda, como adulto, es un momento excelente para llenar tu vida con alegría y amor. Luego, compártelo y distribúyelo, ayudará a hacer del mundo un lugar mejor para vivir.

En este libro, he hablado acerca de las formas de hacer que suceda, para que no estés rodeado de miseria y dolor. Significa tomar responsabilidad por tus propias acciones. Aceptar el fracaso como parte de las lecciones de la vida y no sentirnos ansiosos por ello.

www.ingramcontent.com/pod-product-compliance
Lightning Source LLC
Chambersburg PA
CBHW071901070526
44583CB00016B/1786